BIBLIOTHEEK BREDA
Wijkbibliotheek Prinsenbeek
Schoolstraat 11
4841 XC PRINSENBEEK

D1355881

BIBLIOTHEE<BREDA
Wijkbibliotheek Prinsenbeek
Schoolstraat 11
4841 XC PRINSENBEEK

Het geheim van Jan

Elle van Lieshout en Erik van Os
met tekeningen van Marjolein Krijger

Zwijsen

6

Dit is het verhaal van Jan.
Jan denkt veel.
Maar dat is geheim.
Dat weet alleen Jan.

Hier komt zijn verhaal.

In de wolken

Jan drinkt sap met een rietje.
Maar Jan zuigt niet.
Hij blaast.
Jan blaast bellen.
Heel veel bellen.
Het lijkt de lucht wel.
Stel je voor, denkt Jan.
Een lucht vol wolken.
Jan blaast en blaast.
Wolk na wolk komt uit zijn glas.
Het zijn gewoon bellen.
Dat weet Jan ook wel.
Maar dat is duf.
Daar is niks aan.

Het is de lucht, denkt Jan.
En die bellen zijn wolken.
Jan duikt een wolk in.
Hij zweeft hoog in de lucht.
Jan kan veel zien.
Dat is fijn.
Wat is alles klein!

9

'Jan, je droomt!' zegt mama.
Jan schrikt op.
Ik droom niet, denkt Jan.
Ik denk.
'En je knoeit, Jan!' zegt mama.
Ze pakt het rietje af.
Dan pakt ze een vaatdoek.
Ze wast de wolken weg.

Een eng beest

'Wil je een koek?' vraagt mama.
Jan wil wel.
'Neem er maar een,' zegt mama.
Er ligt een zak.
Die zak zit vol met koek.
Dat weet Jan heus wel.
Maar dat is duf.
Daar is niks aan.

11

Een beest! denkt Jan.
Er zit een eng beest in die zak.
Dat beest eet alle koek op.
Jan steekt zijn hand in de zak.
Gauw trekt hij hem weer terug.
Straks bijt dat beest hem nog.
Stel je voor!
Hoe pak ik dit aan? denkt Jan.
Hij moet het beest te slim af zijn.
Maar dat kan Jan wel.
Jan is niet bang.
Jan durft alles!

Hij pakt zijn zakdoek.
Zijn hand gaat de zak in.
Snel grijpt Jan het beest.
Hij propt het in zijn zakdoek.
Een mep!
En nog een mep.
Morsdood is het beest nu.
Mooi zo!
Dat beest kan hem niets meer doen.

'Jan, je droomt weer!' zegt mama.
'Wil je nou een koek, of niet?'
Jan pakt een koek uit de zak.
Nu kan het wel.
Het beest is toch dood.

Een nacht zonder maan

Jan neemt een hap van zijn koek.
Nou is de koek net een maan.
Het is een koek.
Dat weet Jan heus wel.
Maar het lijkt de maan.

De maan lacht, denkt Jan.
'Eet mij niet op,' zegt de maan.
'Daar krijg je spijt van.
De nacht zonder maan is erg donker!'
Jan eet de maan niet op.
Dat zou dom zijn.
Hij houdt niet van donker.

14

'Jan, je droomt!' zegt mama.
'Schiet nou eens op!
Je hebt je koek nog steeds niet op.'
Ik droom niet, denkt Jan.
Ik denk.
Jan stopt de maan in zijn zak.
Hij bewaart haar voor straks in bed.
Dan is de nacht niet zo zwart.

Help, ik zink!

'Schiet eens op, Jan!' zegt mama.
'Het is al laat.
En je moet nog in bad.
Schiet nou toch eens op.'
Jan gaat al.
Hij zet de kraan aan.
Dan gaat hij in bad.
Een bad is maar duf.

Het bad is geen bad, denkt Jan.
Het bad is een boot.
'Help, de boot is lek!' roept Jan.
De boot loopt vol!
'Ik zink!' gilt Jan.
Snel grijpt hij naar een emmer.
Hij schept de emmer vol.
De boot moet leeg!
En snel ook.
Jan zinkt.
Hij is al nat tot aan zijn knie!
'Help!' roept Jan.

Dan komt mama binnen.
'Wat is hier aan de hand?' vraagt mama.
Ze voelt de natte vloer.
'Wat een zooi!' zegt ze boos.
'Hoe komt die vloer zo nat?'
'Van het bad,' zegt Jan zacht.
'Hier heb ik geen zin in, Jan!'
Mama is echt boos!
'Kom er maar uit,' zegt ze.
'Ga maar vast naar bed!
Ik kom zo.
Ik ruim het hier eerst op.'

Een boef in bed

Jan loopt door de gang.
Het is er erg donker.
Zijn deur staat op een kier.
Jan kijkt naar zijn bed.
Wat doet die bobbel in zijn bed?
Wat is dat voor een bobbel?
Het is zijn beer.
Dat weet Jan echt wel.
Maar Jan bedenkt een boef!

Een boef, denkt Jan.
Die bobbel is een boef.
Die boef heeft mijn bed gepikt.
'Dat pik ik niet,' zegt Jan.
Hij sluipt naar zijn bed.
'Pas op of ik schiet,' zegt de boef.
Maar Jan is niet bang.
Hij duikt op de boef.
Hij neemt hem in de houdgreep.
'Help!' gilt de boef.
'Laat me los!'
'Gil maar,' zegt Jan koel.

'Geen mens hoort je.'
Jan houdt de boef goed vast.
De boef schopt.
Wild slaat hij om zich heen.
De boef raast en tiert.
Maar Jan is sterk.
Hij is de boef de baas.
Jan tilt de boef op.
Hij smijt hem zo het raam uit.
Zonder pardon.
Het bed is weer voor Jan.
Fijn zo!
Jan houdt niet van boeven.

Van het donker houdt Jan ook niet.
Hij knipt het licht aan.
Dan denkt hij aan zijn maan.
Snel loopt hij de gang weer in.
Zijn broek ligt in de wasmand.
Jan haalt hem eruit.
Hij voelt in zijn broekzak.
De maan zit er nog in.
Mooi zo!
Jan hoort mama bij het bad.

Mama moppert.
Mama zucht.
Ze is dus nog boos.
Gauw loopt Jan terug naar zijn bed.
De maan mag onder zijn kussen.
Voor straks.
Als het licht uit moet.

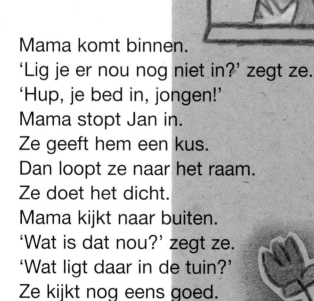

Mama komt binnen.
'Lig je er nou nog niet in?' zegt ze.
'Hup, je bed in, jongen!'
Mama stopt Jan in.
Ze geeft hem een kus.
Dan loopt ze naar het raam.
Ze doet het dicht.
Mama kijkt naar buiten.
'Wat is dat nou?' zegt ze.
'Wat ligt daar in de tuin?'
Ze kijkt nog eens goed.

'Hoe komt die beer daar?'
Mama kijkt naar Jan.
'Door het raam,' zegt Jan.
'Ja, ja,' zegt mama.
'Ik snap het.'
'Haal jij hem voor mij, mam?'
Jan kijkt mama lief aan.
Zo lief als Jan maar kan.
Mama zucht.
Mama lacht.
Ze is dus niet meer boos.
'Goed dan,' zegt mama.
'Je bent me er eentje!'

Het geheim van Jan

Mama haalt de beer.
Ze legt hem bij Jan in bed.
'Zo,' zegt mama.
'Het is al erg laat, Jan.
Het ging niet al te vlot vandaag.
Maar je ligt in bed.'
Ze geeft Jan nog een kus.
'Slaap zacht.
Droom maar fijn!'
Maar Jan droomt niet.
Jan denkt.

25

Ging het niet vlot vandaag? denkt Jan.
Hoezo, niet vlot?
Ik was in de wolken.

Ik ving een eng beest.

Ik maakte een maan.

Mijn boot zonk.

En ik ving een boef.
Ook dat nog!
Dóe dat maar eens!

26

Contents

Authors wishing to submit manuscripts for any series in
this catalogue should send them to the Social Science Editor,
Routledge & Kegan Paul Ltd, 39 Store Street,
London WC1E 7DD

●*Books so marked are available in paperback*
All books are in Metric Demy 8vo format (216 × 138mm approx.)

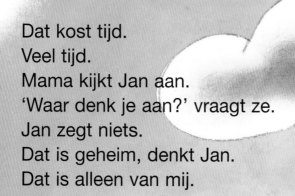

Dat kost tijd.
Veel tijd.
Mama kijkt Jan aan.
'Waar denk je aan?' vraagt ze.
Jan zegt niets.
Dat is geheim, denkt Jan.
Dat is alleen van mij.

In de serie ik lees! zijn verschenen:

AVI 1

de maan en de fee

Frank Smulders en Hugo van Look

AVI 2

Mijn hond Flip

Anke de Vries en Alice Hoogstad

AVI 3

Ridder Wout

Dirk Nielandt en Daniëlle Schothorst

Haas weet van niks

Annemarie Bon en Gertie Jaquet

Het geheim van Jan

Elle van Lieshout, Erik van Os en Marjolein Krijger

Mees doet gek

Anneke Scholtens en Camila Fialkowski